26 „Seelenbäume"

Mein Leben mit und ohne Hundertwasser

Biographie von Angelika Kampmann

Buch zur DVD und zum Hörbuch

Annahh

AF191828

© Angelika Kampmann
Erstausgabe 2009
Titelbild:
Annahh und Hundertwasser
Herstellung und Verlag:
Books on Demand GmbH, Norderstedt
ISBN-13: 9783837088359

Abbildung 1 Walter, Rüdiger-Utz und Kathinka Kampmann

3

26 Seelenbäume

Mein Leben mit und ohne Hundertwasser

Biographie von Angelika Kampmann

Buch zur DVD und zum Hörbuch

Mein Dank richtet sich an die göttliche Quelle,

an die Menschen, die mich ein Leben lang begleitet und inspiriert haben,

an meine Eltern, beide Künstler: an Paps, der kurz nach meiner Geburt starb und an Kat, die anfing zu malen.

An meine Geschwister, die auch Künstler wurden und Großes geschaffen haben.

Mein Dank gilt auch Hundertwasser, der mein Geliebter war.

Und später ein helfender Freund der Familie. Er hatte großen Einfluss auf unser Leben, er schrieb das Vorwort zu der Ausstellung von Paps: "Das Martyrium einer großen goldenen Stadt".

Hundertwasser hat uns alle sehr inspiriert und mich besonders in die asiatische Lebensweise eingeführt, z. B. mit Feng Shui und der Farbenlehre. Jetzt organisiere ich die Konzerte des „Shumei Taiko Ensembles" und arbeite aktiv bei der Friedensorganisation Shumei. Außerdem habe ich noch den Verein der aufgehenden Sonne e.V. gegründet. Wir schufen Kunstwerke, um damit menschliche Werte zu vermitteln.

Die Grabrede zum 100.Todestag meiner Mutter verfassten Holger Münzer und Angelika Kampmann

„Je ne regrette rien" – Ich habe nichts zu bereuen"!!!!!!!!

Ein Lied, das Kathinka immer wieder gerne hörte und mit trällerte und das als ein Lebensmotto für das wechselreiche Leben meiner Mama durchaus gelten kann.

1908 in Berlin-Kreuzberg geboren, besuchte sie das Privatlyzeum in der Steglitzer Lindenstraße. Nach dem „Einjährigen" sollte sie einen Beruf erlernen, der damals für ein Mädchen vorstellbar war: Eine Handelsschule. Die Berufsberatung hatte sie zwar auf ihre Fähigkeiten geprüft und festgestellt, dass nur ein künstlerischer Beruf in Frage kam.

Aber an Malerin dachte damals niemand, denn Malerinnen gab es ja kaum, das war damals nicht denkbar.

Doch sie ging auf die Textil- und Modeschule der Stadt Berlin an der Warschauerbrücke. Das war auch die billigste Lösung, denn Vater Bruno Krischke war nicht bereit, Geld in die Ausbildung seiner Tochter zu investieren. Ihre Mama Emma Krischke, die selbst sehr musisch war, war wohl die erste, die das akzeptierte. Die Mutter gibt dem Drängen der Tochter Kathinka nach.

Sie wollte nicht, dass Kat- Käthe, liebevoll Kathinka genannt- einen Büroberuf erlernte. Sie förderte die Ambitionen der Tochter, ohne dass der Vater etwas davon wusste. Als er es dann erfuhr, gab es eine gepfefferte Ohrfeige.

Auf der Schule -18jährig lernte sie als Lehrer Walter Kampmann kennen. Von ihm hat sie viele künstlerische Eindrücke bekommen, wie sie berichtete. Sie absolvierte eine vierjährige Ausbildung und wurde eine Mitarbeiterin von Herrn Kampmann in der Arbeitsgemeinschaft für angewandte Kunst. Sie sollte gar Lehrerin werden an dieser Schule, was sie aber nicht annahm.

Wie sie es formulierte, war sie ab 1930 „**frei**" und arbeitete auch für einige Auftraggeber, sie hatte einen eigenen Raum mit Webstuhl und fertigte Stoffe an. Sie machte nicht „Handstickerei", wie das damals für Frauen üblich war, sondern sie stickte Bilder mit Stoffen in Collagen, die sie auf Messen und auch für die „Große Berliner Kunst-Ausstellung", ausstellte, wo auch Künstler wie Miró und Picasso ausstellten.

Nachdem sie Walter Kampmann bereits sieben Jahre kannte, heiratete sie ihn 1933, damals 25jährig.

Der Altersunterschied zu ihrem Mann war erheblich, das störte sie jedoch wenig. Sie- immer irgendwie kindlich aussehend - nahm den Mann, den sie bewunderte. Mit ihm übernahm sie drei Kinder aus erster Ehe: Bodo Heinrich, Horst Egon, Winnetou Ulf – dazu kamen bald drei eigene Kinder: Rüdiger-Utz, gen. (Utzi), Isa-Gabriele, gen. (Gaby, Isa) und Cornelia-Angelika (gen. Annahh, Annusch, Anna, Cornelia, Anne, Ange). Wie wir bemerken, alles Doppelnamen, die jedoch zu Kosenamen schrumpften. Jedenfalls waren plötzlich 6 Kinder da, eine große Familie und dazu noch eine sehr herrschsüchtige Schwiegermutter, Ida Kampmann, die sich nach Liebe sehnte und immer betrogen wurde und auf ihre sehr hübsche junge Schwiegertochter eifersüchtig war.

Kathinka Kampmann bezeichnete die Machtergreifung Hitlers als eine regelrechte Katastrophe. Die zu dieser Zeitepoche kritischen Künstler hatten keine Chance. Walter Kampmann war Mitbegründer der Künstlergruppe „Berliner Secession" mit Klee, Beckmann, Kandinski, Moll, Muche, Feininger.

Und er war Mitglied der „Novembergruppe" mit Moritz Melzer, Käbz, Otto Möller, Georg Tabbert, Max Dungert, Oswald Herzog, Walter Kampmann, Wetzel Arthur Segal, Erich Buchholz, Otto Dix, Hannah Höch, Joachim Karsch, Cesar Klein, Conrad Felixmüller, Oskar Nerlinger, Max Pechstein,

Heinrich Richter-Berlin, Oskar Schlemmer und verlor seine Stellung an der Modeschule. Zwar genoss Kat Kampmann einige Zeit die Situation in der Gruppe, bewundert zu werden – es waren sonst kaum Frauen dabei. Es waren grandiose Abende im eigenen Lokal in der Meinekestraße.

Doch das Kesseltreiben ging los: Mitglieder der „Novembergruppe" emigrierten oder ließen sich nicht mehr sehen. 1933 zog die Familie nach Rangsdorf, um dort autark zu leben und die eigenen Kartoffeln zu pflanzen. Auch hier gab es noch großartige Treffen, Kathinka kochte und versorgte die Gäste so gut, dass die Kinder fast zu kurz kamen. Es folgte Arbeits- und Ausstellungsverbot, Hausdurchsuchungen durch Nazitrupps.

Die Freunde blieben weg, die Situation spitzte sich politisch und wirtschaftlich zu.

Mama versteckte Walter im Keller, weil er diese Hausdurchsuchungen nicht mehr durchgestanden hätte, er malte und zeichnete dort. Er war schwer herzkrank. Mit dem Sohn Winnetou verbrannte sie Akten von der Novembergruppe, obwohl Walter nicht Vorsitzender der Gruppe war, sondern nur einfaches Mitglied. Auch seine Skulpturen versenkte er im See. An künstlerische Arbeit war damals nicht zu denken.

Kathinka nähte und webte Stoffe, hatte auch mehrere Jüdinnen, die nähten und die sie während des Krieges versteckte. Man musste einfach überleben. Aber „rausgehen", das heißt: Deutschland verlassen, das konnten sie nicht, die Familie war zu groß: fünf Kinder plus Schwiegermutter!

1945 starb Walter Kampmann, nun war Kathinka ganz allein mit sechs Kindern und musste sie ernähren. Und das tat sie: Sie webte, machte Stoffe aus alten Mänteln, fertigte Handschuhe daraus und malte Postkarten, die sie verkaufte.

1952 zog die Familie um nach West- Berlin, raus aus dem Arbeiter und Bauernstaat der kommunistischen DDR, weg von der SED.

Fast könnte man sagen: ab hier erst begann das "eigentliche, eigenständige, künstlerische Leben" der Kathinka Kampmann. Sie begriff, dass mehr in ihr steckte als nur Handweberei, Modezeichnungen und Postkarten. Sie begann, sich selbstständig zu entwickeln.

Sie hatte ja eine sehr gute Schulausbildung gehabt und besaß ein großes handwerkliches Können. Aber sie hatte es sich eigentlich nie so richtig zugetraut, wohl auch unter dem fast erdrückenden Eindruck der großen Persönlichkeit von Walter Kampmann. Sie begann, frei zu malen.

Dabei benutzte sie zunächst ganz einfache Mittel: Kugelschreiber, Faserstifte, Aquarell, später folgten Radierungen, wenige Linoleumschnitte, Öl und Buntstifte.

Entgegen der modernen Zeitströmung blieb sie zunächst gegenständlich, doch Ende der 50er Jahre wendet sie sich der abstrakten Malerei zu, sie experimentierte mit sich selbst. Sie bezeichnete ihren Stil selbst als „lyrisch expressiv".

Erstmalig stellte sie 1958 ihre Bilder auf der „Großen Berliner Kunstausstellung" aus. Ihre abstrakten Motive waren der Natur und deren Strukturen abgeschaut: Steine, Baumrinden, Strukturen aus dem Mikrokosmos. Sie griff zu kräftigen leuchtenden Farben. Immer wieder war es ihre Umwelt, die Kat Kampmann beschäftigte, seien es heimische Impressionen oder Eindrücke von Reisen, die sie gemacht hatte, z.B. nach Italien, Verona, Venedig und Florenz und an den Gardasee.

Dabei ließ sie ihrer träumerischen Natur freien Lauf, etwa bei den „Baumfrauen", gleichzeitig jedoch auch hier die Umwelt und das Träumerische im Menschen, das es zu schützen gilt, vor den zerstörerischen Eingriffen der Menschheit.

1960 nimmt sie den Künstlernamen Kat an, da weiß man nicht, ob sie Mann oder Frau ist.

In den 60er Jahren- sie ist inzwischen bereits über 50 Jahre alt- entdeckt sie für sich gar die Hippiezeit und begibt sich in die Nähe der Ironie, ohne Scheu vor bürgerlichen- oder besser spießbürgerlichen – Tabus. Man könnte fast sagen: je älter sie wurde, desto frecher und freier wurde ihre Fantasie und ihre Themenwahl. In den 70er Jahren wandte sie sich konsequenterweise gesellschaftlichen Themen zu, es entstehen sozialkritische Bilder.

So beobachtete sie die Drogenszene und zeigte die Vereinsamung der Abhängigen, die der Wirklichkeit zu entrinnen suchen, um nach der Flucht in eine Traumwelt umso härter in eine trostlose Wirklichkeit zurückzufallen. Sie beschrieb aber auch das Elend der Dritten Welt. Eines der Bilder, das mich am meisten erschütterte, war etwa die Bleistiftzeichnung eines Kindes, den Kopf von Mullbinden verhüllt, das „Sevesokind". Die stumme Anklage eines verbrannten Kindes, in dessen schmerzvollem Gesicht man einen eindringlichen Appell an die grausame Erwachsenenwelt zu lesen glaubt .
Dabei blieb Kat im Herzen kindlich und zart, eigentlich zerbrechlich. Des Öfteren wurde sie zu herzlichst umarmt, dabei brachen ihre Rippen, sie konnte die menschliche Liebe nicht mehr leben, und dennoch lächelte sie dabei.

Ich streichelte sie.

Im Herzen blieb sie naiv, einige ihrer Bilder lehnen sich an die sogenannte „Naive Malerei" an. Doch ganz im Gegensatz dazu brach sie immer wieder aus mit ausgeprägten Strukturen und ausgefallenen Themen, mit Farbkraft und den Mut zum noch nicht Dagewesenen.

Wir lassen in Liebe unsere Mutter, Großmutter und Urgroßmutter los. Wir trauern auch, weil eine große Künstlerin gestorben ist. Und wir trauern, weil ein großartiger Mensch gestorben ist: Klein und zierlich gebaut, kindlich im Wesen und doch so tapfer und zart und stark.

Sie hatte ein relativ langes Leben. Die Natur des Menschen ist nicht für die Ewigkeit bestimmt. Wir kommen aus der Erde, wir alle gehen in die Erde zurück. Zum Schluss bleibt keine Frage, der Tod ist die endgültige Antwort auf das Leben. Wir kehren zu unserem Ursprung zurück:

Wir gehen zu unserem Schöpfer zurück. Nach dem Frühling kommt der Sommer, nach dem Sommer kommt der Herbst, nach dem Herbst kommt der Winter, wo alles abstirbt und der Schnee alles mit einem hellen Kleid bedeckt und mit glanzvollem Licht erfüllt. Das ist der Lauf der Welt.

Liebe Kat,

Wir sind dankbar, dass Du uns allen drei Kindern das Leben geschenkt hast.

Wir sind dankbar, dass Du uns so geliebt hast wie wir waren und heute noch sind.

Wir sind dankbar, dass Du uns soviel Freude bereitet hast, mit Deinem Humor und dass wir die Fülle Deiner Kreativität und Deines Wohlstandes im Innen sowie im Außen mit genießen durften.

Wir sind dankbar, dass es Dich gab und ich möchte Dich nicht missen, denn Du warst Vater sowie Mutter für mich.

Meine Mama glaubte an ihre Wiedergeburt, um in Frieden und Freiheit Kunstwerke zu schaffen, sie lebte nur für die Kunst.

Durch Zufall fand ich alte Super 8-Familienfilme, die Beo, der Lebenspartner von meiner Mutter, gedreht hatte und die ich erbte, niemand wollte diese Kiste an sich nehmen.

Und so kann ich das Leben meiner Mutter Kat zu ihrem 100. Geburtstag im Jahre 2008 dokumentieren und darf meine verstorbenen Brüder wieder auf dieser Ebene auferstehen lassen, ohne mich einsam und verlassen zu fühlen. Ich liebe und verehre sie, in Dankbarkeit Angelika.

Ich kam auf die Idee, mein Leben aufzuschreiben und die alten Familienfilme neu zu gestalten und gemeinsam mit Hucky, dem Vater meines Sohnes Robinson, zu vertonen.

Ich danke allen HELFENDEN Händen, die an meiner Seite standen und mir halfen, ein wunderbares Werk kreativ und interessant auf dem Weg des Verstehens und des Erfolges zu begleiten.

Ich möchte vielen Menschen die Augen öffnen, damit sie den Mut für sich selbst nicht verlieren und immer positiv in ihrem Leben sind und ihre Visionen sich erfüllen, während sie vorwärts schauen. Mit Licht und Liebe kommt man eben doch in die Glücksspirale, und jeder Regentropfen ist ein Kuss vom Himmel!!!! (Zitat von Hundertwasser)

Angelika Kampmann,
    genannt Annahh
Berlin, 2008

Auch Danke ich:

Holger Münzer
Joachim Tennstedt
Robinson Tennstedt
Winnetou Kampmann
Hilla Michel-Hamm
Andrea Claassen-Hansen
Alfons Schröter
Bruno Grüneberg
Shige Yamakata
Takashi Hoshiyam
Simone Steffin
Carsten und Annette Schäuble
Ronald Smith
Morus Medienpool

Abbildung 2 Walter, Kathinka, Bodo und Alexander

Einleitung
1) Wolken

Hucky

Wir sehen drei Seelen kurz vor der Reinkarnation. Sie unterhalten sich darüber, was für einen Körper sie nehmen sollen.

Annahh

Himiko sagt zu ihrem Bruder: „Ich möchte Dich wiedersehen und ein Mann werden, und ein begabter, erfolgreicher, internationaler Künstler".

Hucky

Du wirst Tabus für die Freiheit brechen. Und Deine Kunst wird für Jedermann erschwinglich sein. Viele Menschen werden Dich kennen und verehren.

Annahh

Der Bruder von Himiko: "Ich möchte dich auch wiedertreffen. Diesmal möchte ich eine liebevolle, kreative Persönlichkeit werden, die für den Frieden, die Kunst und die Liebe lebt und transformieren kann".

Hucky

Überlege gut, was Du willst! Du wirst sonst in die Unentschiedenheit geboren und alles, was gegensätzlich ist, überwinden müssen.

Annahh

Althea: Vielleicht treffen wir uns auch mal wieder. Ihre Seele sagt: „Bitte lass mich nicht nur eins können."

Hucky

Du bekommst dieses Mal die Qual vieler Talente.

Abbildung 3 Weidenallee in Rangsdorf
Es regnet. Übergang evtl. Regenbild (Geräusche Regen)

2) Winter /Weidenstrasse/ Aquarelle von Walter aufnehmen Felder Baumallee

Abbildung 4 Seelenbäume

Hucky

Berlin-Rangsdorf im Krieg 1943. Walter Kampmann malte an einem seiner „Seelenbäume" Bilder. Er hatte nicht viel Zeit, er musste gleich aufbrechen. Kathinka Kampmann verabschiedete ihren Ehemann, der zu den Henschel-Flugzeugwerken eingezogen wurde. Walter hatte sich Hitler widersetzt und sich geweigert, dessen Kunstvorstellungen umzusetzen. Somit gehörten Walters Werke von zur sogenannten „Entarteten Kunst" und das bedeutete Arbeitsverbot und Ausstellungsverbot.

Bordsteinkante/Bürgersteinlauf

Er war zur „Besserung" nach Hohenlychen geschickt worden. Dort wurde er auf seinen Geisteszustand untersucht und war schweren Folterungen ausgesetzt.

Freiwillig in den Krieg zu ziehen war seine einzige und letzte Chance, mit dem Leben davonzukommen und seine Familie vor den Tod zu retten.

Kathinka blieb mit den Kindern Horst, Winnetou, Utz und Isa– Gabriele allein zurück.

Der erste Sohn Bodo aus der ersten Ehe von Walter war im Russlandkrieg.

Abbildung 5 Walter Kampmann

19

Abbildung 6 Bodo Kampmann

3) Bahngleise / Winter 1944/1945

Hucky

1944/1945. Bodo kam mit Fleckfieber und schweren Granatsplitterverletzungen auf Weih-

nachtsurlaub nach Rangs-
dorf. Er war verheiratet und
hatte bereits zwei Töchter,
diese waren mit ihrer Mutter
Sheila zum Starnberger See
evakuiert worden. Sie hatten
keine Partnerschaft mehr
und wollten sich scheiden
lassen. Kathinka pflegte
Walters verletzten Sohn
Bodo im Keller des Hauses.
Es gab kein Brennmaterial,
die einzige Möglichkeit,
einen Kranken in diesem
Kriegswinter zu erwärmen,
war Körperkontakt. Beide
kamen sich näher.

Flughafen / Rangsdorf

Den ganzen Krieg über versteckte Kathinka befreundete Juden und Studentinnen aus der Kunsthochschule. Mit Horst, dem zweiten Sohn von Walter, der am Rangsdorfer Flughafen stationiert war, stand sie telefonisch in Verbindung und wurde informiert, wann der nächste jüdische Güterabtransport durch Rangsdorf ging. So konnte sie viele Juden retten, leider manche auch nicht, weil sie unter ständiger Beobachtung stand.

Die grünen Russenhäuser/ Juni

Ende des Krieges zogen die sowjetischen Sieger in Rangsdorf ein, Mongolen, die Frauen wahllos vergewaltigten. Sie brachten die Syphilis in das Dorf.
Angelikas Schwester war zum Glück zu dieser Zeit bei den Großeltern in Borghkeide.
Angelikas Mutter lebte von da an im Keller, sie war eine sehr schöne Frau. ihr wurde aber trotz des Versteckes Gewalt angetan. Zum Glück hatte sie eine Zugehfrau, Frau Schmollyboggy, sie wohnte in der Nachbarschaft und stellte sich vor Angelikas Mutter, sie verschwand dann mit den russischen Soldaten. Ich danke ihr!!

Abbildung 7 Felder Weidenstraße im Juni

Hucky

Juni 1945. Paps kehrte aus englischer Gefangenschaft nach Hause zurück. Kathinka war offensichtlich schwanger. Nach allem, was er durchgemacht hatte, war Walter tief enttäuscht von seiner großen Liebe. Er nahm seine Arbeit im Atelier wieder auf. Er malte, zeichnete und stellte seine Skulpturen her.

5) Bahnhof Dahlewitz SBZ (Sowjetisch Besetzte Zone)

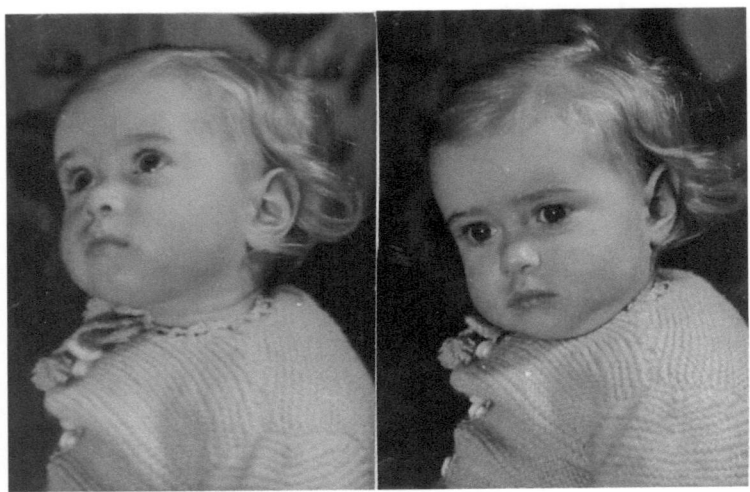

Abbildung 8 Ich als Baby

Hucky

Dahlewitz, in der sowjetisch besetzten Zone, am 17. Oktober 1945. Angelika wurde geboren. Angelika war sehr krank, aber dafür wunderschön, wie ein Reklamebaby mit den großen blauen Augen und blonden Locken. Angelika ist nicht Mädchen und nicht Junge... Später entschieden die Ärzte, dass sie ein Mädchen wird. Walter akzeptierte Angelika, weil sie ein sehr schönes Mädchen war.

6) *Federkissen Rheingoldallee 36. Tod, „Der Tod als Rosselenker" (Bilder die gezeigt werden) „Zum Tanz aufspielender Tod", gezeichnet am 8.12.1945*

Hucky

Berlin–Rangsdorf, 8. 9. 10. 11. **12**. Dez. 1945. Walter versuchte zu arbeiten, er zeichnete den Tod. Es ging ihm nicht gut, er hatte mehrere Tage Todesfurcht.

Es war sehr laut im Haus, im Zimmer war auch seine Mutter Ida und das Baby, das weinte. Oben im Kinderzimmer veranstalteten Utz, 10 Jahre und Isa-Gabriele, 6 Jahre, eine wilde Kissenschlacht, bei der ein Kissen platzte. Walter riss voller Wut die Tür auf, rannte in das wilde Federgestöber, um für Ruhe zu sorgen.

Walter, der ohnehin angeschlagen war, regte sich sehr auf, und kehrte dann in das Zimmer mit dem Baby zurück. Seine Mutter holte aus der Küche eine Tasse Kaffee. Kathinka war in der Küche und kochte gerade Kaffee. Er fasste sich vor Schmerzen ans Herz und schloss die Augen. Während er starb, hörte er den Gesang von Engeln und sah das „Goldene Licht". Die Herzschmerzen waren qualvoll. Er war voller Trauer und Verbitterung.

Abbildung 9 Rangsdorfersee Sonnenuntergang Winter, Naturschutzgebiet/ Winterfeldstrasse Zülowseen

Stimme

Ein blaues Wesen erschien und bot Paps einen Pakt an: Er wäre von seinen Qualen erlöst, und würde unter keinen Schmerzen gehen können, wenn er ihm sein und das Herz aller männlichen Nachkommen anvertraue.

Es wären dann keine Bindungen an Seelen, welche die Schöpfung in sich tragen, mehr möglich. Der Schmerz werde sofort gelindert, aber der Weg zum Licht sei ihm und den Nachfahren versperrt.

Walter willigte ein und bemerkte nicht, dass er einen Fluch über seine Nachkommen verhängte, der den Kampmann-Seelenbaum verdunkelte und kalt und grau werden ließ.

7) Rangsdorf /Friedhof/ Familiengrab

Hucky

21. Dez 1945. Beerdigung von Walter Kampmann, einige schwarz gekleidete Trauergäste umringten das Grab. Kathinka war allein mit den Kindern Utz, Isa-Gabriele und Angelika.

Walther hinterließ nur Schulden.

Horst, Winnetou, Utz, Isa, die Schwiegertochter Hilde, schwanger von Horst Kampmann und Kathinka mit Angelika als Bündel von sechs Wochen in ihren Armen stehen am Grab.

Ida Kampmann, die Mutter von Walter, kann es nicht fassen, sie ist zu Hause geblieben und passte auf Dürten sechs Jahre alt, auf.

Emma Krischke, die Mutter von Kathinka, und der Vater Bruno Krischke sind auch da und Alexander Kampmann, Maler, Bruder von Walter, und Josefine, seine englische. Bodo fehlt. Er ist schon in Salzburg in Österreich.

Abbildung 10 Bauerngarten Wien 1938

Hucky

1938 in Wien. Ein zehn Jähriger, entschlossener Junge wuchs in einer sehr armen Gegend auf. Er liebte Farben. An einem Sommertag beobachtete seine strenge Mutter ihn, wie er in einem Garten stand und mit blauen und bunten Schmetterlingen spielte, sie umflatterten ihn. Er beschloss, Maler zu werden. Der Junge nahm die größte Herausforderung seines Lebens an. Er liebte den Regen. Er wird sich später Friedensreich Hundertwasser nennen. Er lachte, wenn es regnete, da hatte er Zeit zum Malen! „Jeder Regentropfen ist ein Kuss vom Himmel!" Später fiel er durch viele provokative Aktionen auf, z.B. Nacktauftritte im Fernsehen (ZDF). Er reiste gern von Österreich nach Frankreich, Marokko, Deutschland, England, Schweiz, Japan, Australien, Italien, Griechenland, Singapur, Melbourne und Neuseeland, wo er große Erfolge feierte.

9) *Kaffee Einstein/ Kurfürstenstrasse Rangsdorfer Naturschutzgebiet im Nebel Laternen Rangsdorfersee im Herbst Nebel /Rangsdorfer Kirche Wolken Überblendungen Bilder Walter*

Abbildung 11 Foto der Familie in der Parisbar

Hucky

Wien, Nov. 1948. Es regnete. Bodo organisierte in der Albertina eine Walter Kampmann/ Klimt und Sosephson-Ausstellung, die auch von dem jungen Maler Friedensreich Hundertwasser besucht wurde. Hundertwasser betrachtete Kampmanns „Seelenbäume".

Abbildung 12 Friedensreich Hundertwasser, 1966

Das „**Martyrium einer goldenen Stadt**":
Zitat von Hundertwasser

„*GUTEN TAG HERR KAMPMANN*" von
HUNDERTWASSER oder „*HUNDERTWASSER TRIFFT
KAMPMANN*"
*Monsignore Otto Mauer hielt das Ausstellungsblatt
von Walther Kampmann hoch in die Höhe und
sprach ungefähr so:*
„DAS IST DAS WERK DES TEUFELS!"
*Er sprach dann von Wahnsinn, Kriegsende und
Irrenhaus. Er sprach zu uns Studenten.*
*Es war in der Hofburg, glaube ich, und es war ein
Winterabend ungefähr im November im Jahre 1948.*
*Ich stand am Fenster und schaute mehr hinaus, als
auf die Worte von Mauer zu achten. Draussen war
es neblig. Die Laternen hatten alle einen
Heiligenschein. Genauso einen Heiligenschein wie
die Bäume von Walter Kampmann. Also konnte
Kampmann nicht des Teufels sein.*
*Oder war Mauer deshalb so böse, weil nur Heilige
und Götter*
*Heiligenscheine tragen dürfen und nicht Bäume
und Laternenlichter. Ich wollte Otto Mauer immer
fragen, was sein Zorn auf Walter Kampmann
hervorrief. Vielleicht verstand er damals noch
nichts von den Wundern der modernen Malerei.
Oder hatte ich etwas falsch verstanden? Vielleicht*

32

meinte er Picasso. Jetzt ist es zu spät. Otto Mauer ist tot. Ich hätte ihn auch vieles fragen wollen.

Wenn ich Laternenlichter im Nebelregen sehe und Bäume im Frost, dann denke ich an Walter Kampmann. Wenn man mich fragt, welche Maler mich beeinflussten, gebe ich immer Walter Kampmann an.

Da er jedoch nicht bekannt ist wie z.B. Klimt und Klee, lässt man seinen Namen, wenn man über mich schreibt, meistens aus Bequemlichkeit aus.

So hatte ich einen großen Streit deswegen mit dem University Art Museum in Berkley mit Telefonanrufen und Telegrammen.

Ich bestand darauf, dass mein Ausstellungskatalog von 1968 nochmals in Druck ging mit dem Namen Walter Kampmann

Ich versuchte seit 1948, die Bäume so zu malen, wie Walter Kampmann sie zeichnete. Es gelang mir aber nie. Es wurden zwar Hundertwasser-Kampmann-Bäume, schon irgendwie durchsichtig und auch färbiger, aber ohne das TIEFE LEUCHTEN VON INNEN her.

Mein französischer Maler-Freund Brô war von meinen Kampmann-Bäumen so beeindruckt, dass er mir erlaubte, seine Brô-Spindelaugen, die er auch von irgendwoher hatte, in meinen Bildern zu verwenden, wenn ich ihn dafür die Kampmann-

33

Bäume malen lasse. Ich hoffe, Kampmann hat gegen diesen Export nichts einzuwenden, denn so gibt es jetzt auch Brô-Kampmann-Bäume.

Es handeln die Händler untereinander. Es tauschen aber auch die Maler untereinander mit fremder Ware.

Kampmanns Ausstellung war 1948 in der Albertina, im langen Saal auf schrägen Tischen unter Glas. Es waren aquarellierte Zeichnungen mit Weisshöhung. Sie haben mich hypnotisiert wie Ikonen in einer dunklen Kirche.

Glasklirrende Winterbäume. Durchsichtige Bäume, Bäume mit Aura. Seelenbäume. Werke, die an Gott anstoßen. Man konnte hindurchschauen.

Aus jedem Baum drang Licht. Man konnte nicht erkennen, ob es im Winterschnee war oder im saftigen grünen Sommer, ob die Bäume kahl waren oder belaubt, ob es Tag war oder Nacht und doch war alles sehr genau dargestellt.

Es gab keinen Schatten. Dadurch wurden die Landschaften zeitlos.

Es gab keine Farben. Und doch waren die Bilder nicht farblos, im Gegenteil. Eine alte Frau ging an einem Haus vorbei, das war beleuchtet **(bei Winnetou orig.)** vom unheimlichen Licht der Seelenbäume ringsumher. Sie selber ging in einem Heiligenschein, der von Kopf bis Fuß reichte.

*Auf einem anderen Blatt waren Bombentrichter zu sehen (**bei Winnetou orig.**) wie tiefe eitrige Wunden. Aber Schön, zum Weinen, zum Verlieben.*

10) Hochwaldpromenade / Kienitzerstrasse und Am Stadtweg Kita

Hucky

Parallelgeschichte, 1948 von Angelika Kampmann. Sie war drei Jahre alt. In Rangsdorf, Herweghring 16.

Angelika war ständig krank. Sie wuchs im Krankenhaus auf und später im Kinderheim, sie galt als gehörlos. Nur sonntags durfte sie zu Hause übernachten, montags musste sie mit ihrem Bündel wieder ins Kinderheim.

Kathinka musste für das Überleben für sich und ihre Kinder alte Mäntel auseinander trennen, fertigte Handschuhe, Mützen, Muffs und Schals daraus und aus alten karierten, einfarbigen Tischdecken, sowie Bettbezügen applizierte sie Tiermotive, Menschen, Blumen und Herzen darauf. Diese Accessoires verkaufte sie am Kurfürstendamm und in den Seitenstraßen und Passagen.

Angelika wurde weiterhin von den Kinderschwestern missverstanden und herumkommandiert.

Daraufhin sagte Angelika kein Wort. Sie sprach nur noch mit den Augen.

1951, im März wurde Angelika nicht eingeschult. Kathinka verpasste den Termin, denn es gab keine Schule für ein behindertes Kind.

11) Kiefernbäume/ Kiefernwipfel/ Spirale/ Nebel

Abbildung 13 Isa (11 Jahre), Opernsänger Burghoff und Angelika (5 Jahre)

Annah

Zur Weihnachtszeit 1951entschloss ich mich es zu ändern. Meine Schwester Isa-Gabriele lief eines Tages durch das Haus und rief voller Freude: „Mama, Mama Angelika kann sprechen, sie kann sprechen." und von da an ging natürlich alles besser. Ich fing an zu singen und auch an zu lesen.

Der Großvater Bruno Krischke war im Februar 1952 verstorben. Meine Schwester Isa-Gabriele war plötzlich auch bei mir im Heim. Ich freute mich sehr und klammerte mich an sie. Sie war für mich ganz wichtig, sie war meine Bezugsperson, denn meine Mutter habe ich nicht viel gesehen.

12) Lampe/ direkt ins Gesicht Winter

Hucky

Ab 1952, noch im Februar, soweit Angelika sich erinnern kann, waren die Stasioffiziere in ihrem Haus, mit Gewehren. Sie wohnten in dem Kinderzimmer von Isa- Gabriele und Angelika. Angelikas Mutter wurde immer bewacht und man nahm sie des nachts mit zum Verhör und dadurch kam Angelika häufig ins Kinderheim. Kathinka sollte ihre Freunde und Bekannten bespitzeln. Andauernd wurde sie befragt, ob sie Westradio hörte. Sie verneinte. Der Bruder Utz war schon im Westen.

13) Rückweg Hochwaldpromenade
Zabelsbergpromenade Herweghring / Winter

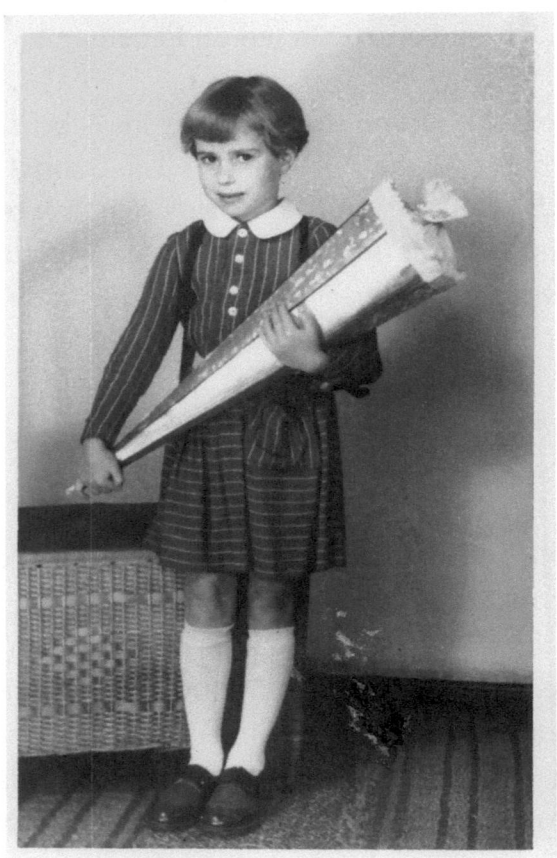

**Abbildung 14 Meine erste
Einschulung in Rangsdorf**

Hucky

Im März 1952 wurde Angelika eingeschult. Ihre langen Stocklocken wurden abgeschnitten. Sie erhielt einen dörflichen Kurzhaarschnitt.

Es muss kurz danach gewesen sein, sie kam eines Tages singend nach Hause und sang Westlieder "Der Insulaner verliert die Ruhe nicht" und so weiter. Am Sonntag war es das Schönste, vor dem Radio zu sitzen und dem lustigen Hörspiel mit Edith Hanke zu lauschen. Angelika hatte ihre Mama verraten ohne es zu wissen.

Sie war trotz Heim immer auf Entdeckungs- erlebnisse aus und brachte immer in einem Körbchen Früchte oder Gemüse mit nach Hause. Dann verschwand ihre Mutter für eine lange Zeit.

14) Überquerung der Bahngleise und der Weg zum Rangsdorfer Bahnhof

Annahh

Russisch besetzte Zone 1952. Es kam dann Ostern. Meine Schwester und ich kamen nach langer Heimzeit endlich wieder mal nach Hause, meine Mutter sagte nichts. In aller Herrgottsfrühe zog sie uns ganz viele Sachen an: Leibchen, Trainingshosen, Röcke, Kleider, Strickjacken, Jacken und einen Mantel und Schuhe. An die kann ich mich leider nicht mehr erinnern. Nur noch an unsere Abfahrt mit dem Zug. Wir, meine Schwester und ich, waren schon im Abteil, und meine Mutter war draußen auf dem Bahnsteig, sie hatte sich den Selbstgewebten Teppich um den Leib gewickelt. Darüber trug sie einen Männermantel und eine kleine Handtasche und eine große Tasche, in der sie eine Skulptur von Walter und leider Gottes auch einen Wecker hatte, damit sie den Zug nicht verpasste, und der fing laut an zu läuten.

Zwei Soldaten sprangen mit Gewehren auf meine Mutter zu, hielten sie fest. Ich sah, wie sie kämpfte und sich wehrte. Dann im letzten Moment lief sie neben dem fahrenden Zug, nur mit dem Teppich um den Leib, mit der kleinen Handtasche, und sprang auf. Das ist immer noch mein Schlüsselerlebnis und ich bewunderte sie, was für eine Leistung, sie ganz alleine, meine schöne, liebe, starke Mama.

15) Marienfelde Auffanglager Althoffstr./
Sarrazinstr.

Abbildung 15 Althoffstr

Hucky

Berlin 1952. Mutter Kathinka war nach West-Berlin geflüchtet und lebte dort mit den Kindern Isa-Gabriele(13) und Angelika (7) im Flüchtlingslager.
Dann Althoffstr.21 in ihrem Elternhaus in Steglitz, zusammen mit ihrem neuen Lebensgefährten Beo.
Und dann endlich im Oktober die eigene Wohnung in der Sarrazinstr.8 in Friedenau.
Angelika wurde in der Flämming Schule in der Albestraße eingeschult. (*Schultüte*)

Ihr Bruder Utz kam auch wieder und alle wohnten endlich zusammen.

Abbildung 16 Sarrazin- Ecke Elsastraße

16) Sarrazinstr.8 Treppenhaus

Hucky

1953. Zu Weihnachten schuf sich Beo eine Super 8-Kamera an und begann, unser Leben aufzuzeichnen und somit wurde Kathinkas, Isa-Gabrieles, Utzis und mein kleines Leben dokumentiert und unsere Wohnung und unser Familienleben genauestens unter die Lupe genommen.

17) 1954

Abbildung 17 Haus der Familie Horst, Hilde, Winnetou und Inge Kampmann am Teltower Damm

Annahh

1954. Berlin Zehlendorf, Teltower Damm im Winter. Horst, Hilde, Dürten, Gundula, Winnetou sen., Inge, Bambino, Kathinka, Isa– Gabriele, Utz, und Angelika. Wir trafen uns fast jeden Samstag, oder Sonntag. Meine erwachsenen Brüder konnten immer wunderbare Geschichten erzählen und da hatten wir auch immer viel Spaß miteinander. Mein Bruder Horst war Keramiker und seine Frau Hilde eine kreative Weberin für Anzugsstoffe. Übrigens, er trägt in dem Film einen Westover von ihr. Dürten

43

mit 15 Jahren hat auch schon gewebt und Keramiken hergestellt. Gundula war immer sehr herrschsüchtig und liebte es auch so wie ich, sich zu kostümieren oder irgendwelche Rollen miteinander zu spielen. Meine Mutter liebte es auch mal, einen Tropfen zu trinken, und Beo filmte uns alle, mit den westlichen Gewohnheiten. Dann kommt noch mein Bruder Utz, er war immer der große Schweiger, er registrierte alles und war eher scheu. Meine große Schwester Isa-Gabriele sagte auch nicht viel, wir haben gelauscht!!!!!

Abbildung 18 Winnetou, Dietlinde, Inge + Winnetou, Mayke , Angelika, Kathinka, (dahinter) Isa, Rüdiger-Utz, Moritz Melzer, Erik Rosen, Pfarrer Hasper, Apotheker Krüger,

Ingeborg Rosen, damals war sie schon Lehrerin, die mit Winnetou verheiratet war, hält Bambino,

Winnetou jun. auf dem Schoss. Winnetou studierte noch Architektur. Also mein großer Bruder Winnetou konnte immer sehr anschauliche Geschichten aus dem Architekturbüro erzählen, mit soviel Ausdruckskraft, es war alles mit erstaunlicher Genauigkeit beschrieben, sodass wir alle daran teilgenommen haben und uns alles genau vorstellen konnten. Horst machte gerne Witzeleien, er war unserer Komiker, für uns Kinder hatte er immer eine Überraschung bereit.

18) Film Wir blicken zurück

Abbildung 19 Meine zweite Einschulung

Hucky

Im Januar 1954 wurde Angelika, über die Ernst-Reuther Stiftung zu Pflegeeltern, einem Pastorenehepaar nach Rotterdam verschickt und ging dort in die Schule. Sie wurde nochmals eingeschult. (*Schultüte*)

19) *1954 Musik von Edith Piaf runterlegen*

Annahh

Wir blicken zurück, Herbst 1954. Wir sehen den Bahnhof Zoo, den Wiederaufbau rund um die Kaiser-Wilhelm Gedächtniskirche. Kathinka war in Braunschweig gewesen und hatte als Model gearbeitet und hatte Kleider von der Hochschule vorgeführt. Sie war sehr glücklich gewesen und kam um 10 Jahre jünger mit neuer Frisur nach Berlin zurück, im Gepäck das wunderschöne Ensemble mit dem Namen Rosenholz. Es war ein Entwurf aus der Klasse von Bodo Kampmann, er war Professor an der Hochschule für Raum und Farbe. Mama, so nannte ich sie immer, sieht aus wie eine Lady. So gefiel sie mir und ich begann, sie zu verehren.

20)

Hucky

Im September 1954 kehrte Angelika aus Holland zurück. Sie sprach Holländisch und verstand ihre Mutter nicht mehr.

21) Musik von Edith Piaf

Annahh

1954 Oktoberfest. Ich denke, es war mein Geburtstag. Kathinka, Utz, 19 Jahre, mein großer Bruder, meine große Schwester Isa, 15 Jahre, die mich sozusagen immer an die Hand nahm oder ins rechte Licht setzte. Wir sehen die Straßenbahnhaltestelle der Linie Nr. 44 und 77 in der Bundesallee. Wir fuhren zum Zoo. Beo übernahm die Kameraführung. Ich liebte den Zoo und es war das schönste Geschenk. Wir betrachteten die Bären und die Seehunde, sowie die Pinguine. Auch wegen der süßen Leckereien und dem Luftballon liebte ich den Zoo, ich durfte Autoskooter fahren, Kettenkarussel, Geisterbahn, dabei Zuckerwatte probieren und einen kandierten Apfel essen. Miteinander die Zeit zu verbringen und das Gefühl mit einer Familie zusammen zu sein, war ein wunderbares Geschenk. Ich bin heute sehr dankbar, meine Mama Kat und meinen Bruder Utz, sowie Beo, leibhaftig zu sehen, denn sie sind auf einer anderen Ebene und so sind sie wieder lebendig geworden.

Abbildung 20 Meine dritte Einschulung in Rotterdam

22) Bilder von Kat 1955

Abbildung 21 Eingang Sarrazinstraße 8

Annahh

1955.   Daheim-Sarrazinstr. 8.   Unsere   erste
Wohnung und alle Gäste, die zu uns kamen.

Kathinka 47, meine Schwester Isa-Gabriele, die
ganz dem modischen Stil entsprach und 16 Jahre
alt war. Sie zeigte unsere Kunststücke, die wir
immer an der Tür geübt hatten. Meine Freundin
Sylvia, zehn Jahre, die schon seit ihrem vierten
Lebensjahr Ballett tanzte und natürlich durch ihre
Perfektion brillierte. Ich konnte noch gar nicht
tanzen, war natürlich vollkommen verunsichert.
Man bestaunte meine ersten Versuche!!! Ich wurde
immer Stockbein genannt, da ich viel zu dünn war.
Immer wenn Besuch kam, musste ich ein Kleid
anziehen, worauf ich doch keine Lust hatte. Ich war
es gewöhnt, an den anderen Tagen Latzhosen zu
tragen und fand die Verkleidung recht blöd. Aber
ich machte es, sah aber nicht sehr glücklich aus.
Mein Bruder Utz, zwanzig Jahre, zeichnete im
anderen Raum Comics, er hatte „Walt Disney"
entdeckt und zeichnete seine eigenen Charaktere.
Beo spielte mit seiner „Elektrischen Eisenbahn". Wir
bauten zusammen mit der ganzen Familie.

Also meine Geschwister und ich bastelten die
Landschaften mit Pappmaschee und später malten
wir sie an. Dort verbrachte ich die meiste Zeit.
Meine Mutter webte auch in dem Nebenzimmer

oder auf dem Dachboden und begann, ihre ersten Linoleumschnitte anzufertigen.

23) *Musik unterlegen Jazz/Boggie*

Abbildung 22 Angelika, Maria-Theresa

Annahh

1956. In den Ferien sind wir an die Havel gefahren, an das große Fenster. Wir haben alle meine Freundinnen eingeladen und sind dann in die Sommerfrische gefahren. Es war für mich eine riesige Überraschung, meine besten Freundinnen Verena und Maria-Theresa auf dem Film entdecken zu dürfen. Wir badeten und kämpften um die Luftmatratze und schmissen einander immer wieder ins Wasser, so tollten wir in den Fluten der Havel.

Auch war es erfreulich, Ingrid, Utz zusehen mit ihrer Mutter Erna aus Thüringen. Meine Mama Kat war immer dabei und so haben wir viel Spaß gehabt. Schon alleine das Wechseln des Badeanzuges vor der Kamera war sehr schwierig. Ätsch, man hat doch nichts gesehen!

24) 1957

Annahh

1957. Kathinka und Beo fuhren zu Bodo, meinem Bruder oder (Vater) nach Braunschweig. Er hatte eine neue Frau, die Schau-spielerin Margit ge-heiratet. Sie beschlossen, ihm zu seiner 3. Ehe zu gratulieren. Ich war nicht dabei. Es waren Karoline da, genannt Nina, Tochter aus der ersten Ehe mit Sheila Kampmann geb. Schuh und seine Tochter

Olivia, zehn Jahre, die aus der zweiter Ehe mit einer Österreicherin, Gerhild Diesmer stammt.

Bodo zeigte einige Ausstellungssachen in seiner Vitrine, derzeitig seine neuesten Arbeiten, die er angefertigt hatte. Eigentlich war er Gold- und Silberschmied, Studienrat und später Professor an der Kunsthochschule in Braunschweig.

Einige Zeit entwarf er für die Firma Rosenthal Teegeschirr.

25) *Südwestkorso 1957 Spanien/ Film*

Abbildung 23 Südwestkorso 6

Hucky

März 1957 zogen sie an den Südwestkorso 6. Sie hatten endlich Zentralheizung.

Im Sommer fuhr Kat alleine nach Spanien-Blanes. Beo verfolgte Kat mit seiner Eifersucht und trank den ganzen Tag. Kathinka ließ Angelika bei Beo zurück. Beo, der aussah wie ein trauriger Clown, missbrauchte Angelika, aus Rache wegen der Zurückweisung ihrer Mutter.

Aus einem schlechten Gewissen folgte er Kat später. Er überraschte sie in Spanien und traf sie mit einem netten Spanier an, mit dem sie flirtete.

Stimme

Das blaue Wesen jubelt: „Das habe ich doch gut eingefädelt. Ihr Herz und ihre Seele gehören mir".

26) 1958 Musik Bee Gees

Annahh

Pfingsten 1958, es wird wieder der Bahnhof-Zoologischer Garten gezeigt, also Bahnhofsmilieu. Viele Aufnahmen von der Stadt, von den Menschen, wie alles pulsiert und lebt. Der Wiederaufbau, wie sich dann das Stadtbild nach so vielen Jahren zeigte, und sich der Eiermannturm neben der Kaiser-Wilhelm-Gedächtniskirche seinen Platz eroberte. Das weltbekannte Café-Kranzler und die schönen Berlinerinnen.

Es gibt auch noch die schönen alten Laternen usw.

Ich meine auch, dass ich ganz zum Schluss Christa Ludwig erkannt habe, die später die Kinematek in Wannsee geleitet hat.

27.) Allee in Rangsdorf
Bilder von Paps Wolken, Birkendach, Paris- Bar, Europa-Center, Hundertwasserhaus, Garten im japanischem Stil/ Kirche aus dem Spanienfilm und die Mosaiken nehmen/ Hundertwasser Text

Hucky

Wien/Berlin 1959. Hunderwasser sucht Kampmann. Seine Stimme setzt den Text „Martyrium" fort: Zitat von Hundertwasser.

Ich glaubte, die Kampmannblätter wären in der ständigen Sammlung der Albertina.
Ich wollte nicht nochmals hingehen, sie wiedersehen.
Ich trug die Seelenbäume ja jahrelang ständig mit mir in mir.
Man sollte ja nicht noch einmal in die Kirche gehen, nachschauen ob Gott noch da ist.
Man soll auch kein zweites Mal in die Kirche gehen, damit Gott nicht fade wird.
Als ich aber nach 10 Jahren in der Albertina nach Kampmann fragte, kannte ihn keiner mehr.
Niemand erinnerte sich an die Kampmann Ausstellung.
Es gab keinen Katalog, kein Kampmann- Ausstellungs-Faltblatt, keine Liste, keinen Hinweis

im Archiv, dass so eine Ausstellung jemals stattgefunden hatte.

Die Albertina besaß keinen Kampmann, nur ein Bild, das musste jedoch von einem anderen Maler stammen, so läppisch war es.

Walter Kampmann existierte nicht.

So begann ich meine Suche nach Kampmann.

In den Lexika war er nicht verzeichnet.

In anderen Nachschlagewerken waren mehrere Kampmann,

jedoch ohne Abbildungen. War es Erich, war es Walther?

Oder andere? Niemand konnte mir Auskunft geben.

Alle Kunstkritiker, Museumsleute, Sammler, Händler, Auktionäre und Maler schüttelten die Köpfe.

Niemand kannte ihn. Ich kam in Panik.

Ich beschloss, einen Privatdetektiv mit der Suche nach Kampmann zu betrauen.

Endlich, nach 7 Jahren kam ich auf eine Spur:

Im Wuppertal? In Alpbach? In Berlin? In Braunschweig?

Ich traf Kat Kampmann, Winnetou Kampmann, Utz Kampmann und zuletzt Bodo Kampmann in Salzburg.

Sieben Jahre später. Zuallererst traf ich Angelika Kampmann.

Endlich war es soweit.

Sie war Walther Kampmanns letztes Kind.

Sie wurde geboren als er starb.

kurz nachdem er die Seelenbäume malte.

Er starb 1945, als die Russen kamen, südlich von Ostberlin.

In der Wohnung von Angelikas Mutter Kat hing ein Bild von Walther Kampmann, ein Märchenhügel mit glasklirrenden Winterbäumen.

Ich traf Angelika zuerst in Berlin, dann in London und dann am Genfer See.

Ich suchte Kampmann und fand sein Fleisch und Blut.

Wir fuhren nackt im Auto den See entlang.

Sie war 20 Jahre, sehr schön und überall braun.

Ich fühlte ihre Haut und ich fühlte ihre Hände.

Sie wusste wenig von Seelenbäumen.

Mir war heilig zumute.

Geschrieben über den Wolken über Singapur nach Melbourne am 15. August 1974 für die Ausstellung von Walter Kampmann

Hucky

Ja, 1959, also zur selben Zeit war Angelika ein hübsches Mädchen mit sehr kurzen Haaren. Angelika saß in einem Sessel in einem vollgekleksten Maleratelier und träumte.

Sie hatte ihren Traummann (Charly Chaplin) für eine Ausstellung gemalt. Sie war gerade mal 14 Jahre alt.

Abbildung 24 Porträt von Angelika in der Küche

28) Porträt von Angelika in der Küche

Stimme

Das blaue Wesen treibt Angelika immer weiter in die Verdammnis und ihr Karma verschlingert sich immer mehr.

29) Musik Charlston

Annahh

1960, Fasching. Also meine Schwester Isa-Gabriele, als Hula-Hula Mädchen, hatte alles selbst gebastelt. Sie hatte eine nette Ausstrahlung, ich finde sie ganz süß. Onkel Beo, als flotter Spanier, und später als trauriger Clown, der eine Zigarre anzündete. Mein Bruder Utzi, der mit meiner Mama ein Ehepaar auf Reisen spielte, und Kat dann ganz temperamentvoll, wie das so im Leben ist, sich alles vom Leibe riss und eine fesche Sohle hinlegte.

Ich als Pinguin und Kathinka als exotischer Rabe tanzten ein Duett. Ich bevorzugte es immer mehr mich hinter einer Maske zu verstecken.

Stimme

Das blaue Wesen reibt sich die Hände, na klappt doch alles. Sie kann nie in der Liebe glücklich werden

30) Südwestkorso, dann zur U-Bahn Bundesplatz
Fahrt aufnehmen Bilder von Struppi und Annahh
hinein kopieren.

Hucky

Mit 16 Jahren, 1961, im Sommer lernte Angelika Struppi, Schüler und später Starfighterpilot kennen, der ihr auf seine Art, indem er sich nicht verjagen ließ, half, ohne es zu wissen.

Sie mochte ihn sehr, am Anfang hielten sie Händchen und im nächsten Jahr wurde mehr daraus.

Abbildung 25 Annahh (v.h.) und Struppi

Abbildung 26 Berlin, Südwestkorso 6

Hucky

Beo war sauer auf diesen jungen Mann. Er verbündete sich natürlich mit Kathinka, die auch entsetzt war. Beide hatten die Zügel nicht mehr in der Hand, somit keine Macht mehr über Angelika.

32) Laubenheimerstrasse 1962

Abbildung 27 Paco

Annahh

Paco wurde 1962 geboren. Er war 3 Monate alt, wir sehen, wie er gewickelt wurde, sein Bad nahm und wie er dann seine Flasche bekam. Ingrid und Utzi waren etwas gestresst, aber sehr glücklich.

Ich war Pacos erstes Au-Pair-Mädchen. So konnte ich mich dann mit Struppi verabreden und mich mit ihm heimlich treffen, ohne dass ich Ärger bekam.

33) Italien: Spaghetti essen. Friedrich Wilhelmplatz

Hucky

1964. Angelika war in den Ferien bei ihrem Bruder Utz in der Villa Romana in Florenz. Kat war überglücklich, einen begabten Sohn mit so einer supernetten Schwiegertochter zu haben. Ingrid konnte Sprachen und managte Utzi. Er war sehr fleißig und entwickelte wahnsinnige Skulpturen, die mit Rotatoren beweglich wurden. Viele Kunstliebhaber und Museen interessierten sich für den jungen Künstler Utz Kampmann und sammelten seine Skulpturen.

Kat und Angelika passten auf Paco auf. Aber Angelika drängte ihre Mutter, zwei Tage eher nach Berlin zurück zu kehren, es wäre doch nett, wieder daheim zu sein.

34) *Birkenstrasse U- Bahnhof*

Hucky

1964 erlischt das Liebesglück. Struppi nahm das mit der Liebe nicht so genau und sie war bitter enttäuscht, als er vertrauensvoll mit einer anderen Händchen haltend, schmusend aus der U-Bahnstation Birkenstrasse stieg. Für sie war dies ein schlimmer Treuebruch und von da an hatte sie kein Glück in der Liebe mehr.

Stimme

Das blaue Wesen beginnt seine Macht auszuspielen. Es freut sich. Sein Spiel beginnt.

35) 1965

Annahh

Paco war 1965 drei Jahre alt und verbrachte mit Kat und Beo einen Oktobertag vor der Akademie der Künste. Sie aßen Eis, spielten miteinander und streiften gemeinsam durch den Tiergarten bis zur „Schwangeren Auster", heute Haus der Kulturen der Welt.

36)

Hucky

1965–1966. Angelikas lockere Freundschaft mit Brüderchen, der mit ihrer Freundin Jana aus der jüdischen Gemeinde befreundet war.

Außerdem gab es noch eine Freundschaft mit Gerd Conradt, einem Fotographen. Eine wirkliche Affäre, die kleine Wunden hinterließ und wo ein Doppelspiel mit Angelika und mit anderen gespielt wurde. Im Sommer war diese Episode beendet, es blieben ein Paar Fotos übrig. Angelika mochte dieses Spiel nicht, es verletzte sie.

Sie hatte dann eine neue Chance und lernte Manfred Meinecke kennen, der Zahnmedizin studierte und bis zum Kennenlernen von

Hundertwasser ihr Freund war. Sie verließ ihn und hat ihm natürlich auch sehr weh getan. Es tut ihr leid. Es war eine lockere Partnerschaft, wenn man so wollte, so konnte man sich sehen oder man ging ins Kino.

37) *Wolken*
Fotos von Hundertwasser Parisbar eingeblendet Südwestkorso 6

Abbildung 28 erstes Treffen mit Hundertwasser; Kat, Angelika, Hundertwasser

Hucky

Berlin Dezember 1966. Hundertwasser spricht aus dem „Martyrium": „Endlich nach 7 Jahren kam ich auf eine Spur ... Doch zuallererst traf ich Angelika Kampmann. Ich traf sie in Berlin...". Hundertwasser, der noch mit einer Japanerin verheiratet war, traf Angelika, die sehr hübsch geworden war und mittlerweile Modedesign studierte, tatsächlich in der Paris-Bar in Berlin, an weiteren Tischen schliefen ein paar Japaner. Angelika und Hundertwasser waren voneinander angezogen, ohne zunächst zu wissen, wer der andere war, sie flirteten miteinander und schauen sich tief in die Augen. Schicksal oder Zufall? Am nächsten Tag besuchte Hundertwasser Kathinka, die sich in der Kunstwelt einen Namen gemacht hatte, in ihrer Wohnung im Südwestkorso 6, sie nannte sich Kat Kampmann. Hundertwasser und Angelika waren überrascht, sich unter diesen Umständen wieder zu sehen. Das Hohelied der Liebe begann, für Hundertwasser war Angelika die Verbindung zu Walter Kampmann. Kat war erst einmal sehr enttäuscht, weil sie ja Hundertwasser haben wollte. Später, als sie merkte, dass Angelika schwanger war von ihm, war sie ausgesöhnt. Kat war selig.

Stimme

Das blaue Wesen *reibt* sich vor Freude immer wieder die Hände und macht Freudensprünge. Angelika weiß noch nicht, dass Hundertwasser verheiratet ist.

38) Berlinfilm von Beo1954
Deutsche Gesellschaft für bildende Kunst e. V.
(Kunstverein Berlin) Galerie Jule Hammer Theater
und Galerie im Europa.– Center /Spanienfilm/
Wiese /Diestel/ Wendeltreppen Gänseblümchen/
Kirche / Schiff /Text Hundertwasser

Hucky
Die Liebesgeschichte von Hundertwasser und
Angelika folgt. 17. Jänner 1967. Zitat von
Hundertwasser: Es ist so dass, weil ich so wenig
male, ich viel denke, spaziere und alles genau
überlege, einmal, zweimal, dreimal, damit ich nicht
noch einmal machen muss, was effektiv mir zum
Vorteil gereicht, weil das spärliche scheinbar viel
wuchtiger, streitsüchtiger im guten Sinne allen
grosse Freude bereitet, da man mir kaum gemalt,
fotographiert, klischiert, nummeriert, signiert,
beschriftet und eingetragen, die Malereien entzieht
unter allen möglichen Vorwänden, von denen
Lockungen und Bestechungen, mit Geld und
Liebesdiensten, nur einige das sind und
Anfertigungen von Wendeltreppen, Goldzähnen,
Detektivarbeit, Nadelhilfe, Kuppelgeschenke, die
Andern sind, es so sehr schwierig ist, drei
Dutzende für eine Ausstellung zusammenzuhalten,
und auch so auf die Idee gekommen bin, statt
Bilderschau mich alljährlich mit bunten und

schönfarbigen Reproduktionen der Bilder vorzustellen, damit Leute wissen, was ich in der Zwischenzeit gemalt habe, obwohl es mir sentimental so schlecht ergangen ist, dass mich nicht einmal mehr die Gänseblumen auf der Wiese erfreut haben, kurz und gut, die vielen lieben Leute, die meine Bilder aus den letzten drei Jahren haben, waren nett zu drei/vierteln und gar nicht böse, sie für diese Exposition herzubringen, weil es mir jetzt glaube ich, viel besser geht, kann schon sein, weil ich mir neuen Mantel und Schuhe gekauft habe, in braun, ist viel besser, wie in schwarz, habe ich das Gefühl.

Grosse schöne Brüste, was soll ich tun, wenn sie blaue Augen hat, Soll ich weggehen oder schiessen. Ich glaube, ich werde mich tief eingraben und fein einrichten.

39) Mallorca, Wolken (Film von Spanien von 1957 und 1961 darunter legen) Rangsdorf Disteln im Garten
Wir hören die Musik nur sehr leise im Hintergrund von Otis Redding „Sitten--- Quai")

Hucky

Februar 1967, Kat und Angelika flogen zusammen nach Mallorca.

Hundertwasser empfing überraschend Angelika auf dem Flughafen, indem er, wie Jesus mit ausgebreiteten Armen, in jeder Hand eine Mandarine mit einem grünen Blatt, in einem roten, offenen Seat über das Rollfeld fuhr. Hundertwasser spricht aus dem „Martyrium": *Endlich war es soweit...Sie wusste wenig von den Seelenbäumen."*

Angelika hatte Angst vor der Liebe, da sie den Missbrauch in Erinnerung hatte und warf Hundertwasser erst mal eine Distel an den Kopf.

Hundertwasser spricht aus dem „**Martyrium: *„Mir war heilig zumute".***

40) Wolken und Fotos aus London einblenden/ überblenden

**Abbildung 29 Hanover Gallery, 32A
Saint George Street, 3. April – 6. Mai, London 1967**

73

Hucky

London, April 1967. Angelika besuchte Hundertwasser, der seine Ausstellung bei der Hannover Gallery hatte.

Die Twiggy-Epoche begann und Angelika entsprach nicht dem Schönheitsideal, viele Besucherinnen umgarnten Hundertwasser. Sein Privatsekretär Baron von Schildwache überwachte das muntere Treiben. Angelika wartete bescheiden auf Hundertwasser, beide flirteten miteinander!!!

Hundertwasser zeigte ihr London, sie gingen gemeinsam einkaufen, besuchten die Saint Martin's School of Art.

Er zeigte ihr ein Leben, das sie überhaupt nicht kannte. Angelika war sehr neugierig und lebenshungrig. Beide konnten nicht ohne den Anderen sein. Er ist ihr „großes Vorbild", ihr Geliebter, der Mann für's Leben, an den sie glaubte, für den sie lebte und für Hundertwasser ist sie die Verbindung zu Walter Kampmann, der in ihr weiterlebte.

41) *Wolken Fotos aus Genf*

Hucky

Genf, Mai 1967 Hundertwassers Stimme aus dem Off spricht aus dem „Martyrium": *„Ich traf Angelika zuerst in Berlin, dann am Genfer See...wir fuhren nackt den See entlang und waren beide sehr glücklich."*

42)

Annahh

1967: Utz, Ingrid und Paco zogen in die Schweiz nach Zürich. Eine kleine Dokumentation. In der Hoffnung, ein gesichertes Kunstleben mit dem Galleristen Bischoffsberger an der Seite zu haben. Erfolgreich, dynamisch, zielbewusst, interessant, spannend, ein neues verantwortungsbewusstes Leben, mit noch mehr Kunst-Preisen und höherem Bekanntheitswert in der Kunstwelt erleben zu dürfen. Es war ihr Abschied und sie kehrten niemals gemeinsam zurück nach Berlin. Ingrid und Utz trennten sich 1971. Ingrid blieb in Zürich, während Utz mit den Kindern Paco und Kecia nach München zog und dort mit einem jungen Architekten Herrmann Grub zusammen arbeitete und neue Häuser mit bewachsenen Gärten gestaltete.

43)

Hucky

Beo und Kathinka machten den letzten Film von der kleinen Familie im Jahre 1967.

Angelika, schwanger von Hundertwasser, wartete auf seine Antwort.

Erst schrieb sie zögerlich und wusste nicht, wie sie es sagen sollte, dass sie schwanger war. Es folgten noch drei weitere Briefe.

Die Zeit lief davon und dann erfuhr sie, dass Hundertwasser irgendwann im August nach Berlin käme.

Sein einziger Kommentar von ihm, „sie solle warten". Er sagte weder ja, noch nein zu der Schwangerschaft. Angelika war sehr traurig und fühlte sich verlassen, allein gelassen.

Sie wollte das Kind nicht allein aufziehen. Sie hatte zu sehr gelitten, ihr Leben lang ohne Vater zu sein.

Konflikt–Missverständnis–Trennung. Angelika trieb ab, als Hundertwasser sich zu dem Kind nicht äußerte. Sie wusste, dass er noch verheiratet war mit einer Japanerin. Sie erwartete eine klare Entscheidung und er Vertrauen in seine Größe. An dem Tag, als sie abtreiben ließ, schickte er dennoch seinen Privatsekretär Baron von Schildwache an ihr Krankenbett. Angelika war wütend und enttäuscht über soviel Feigheit von Hundertwasser.

Sie kam wegen der Abtreibung in Deutschland auf die rote Liste und floh zuerst nach Norwegen, später nach Reims, Paris, und Zürich. Sie unterbrach ihr Studium für ein Jahr.

Stimme

Das blaue Wesen grinst höhnisch: „Das Hundertwasser-Kampmann-Genie darf nicht geboren werden."

44) Kurfürstendamm nachts

Hucky

Als Angelika 1967/1968 aus Norwegen über Weihnachten zu Hause in Berlin war, traf sie Brüderchen wieder. Brüderchen erinnerte sie an Hundertwasser in jung. Beide lassen sich aufeinander ein.

Angelika musste wieder in Norwegen arbeiten, sie war von Brüderchen schwanger und kam mit ihren Gefühlen vollkommen durcheinander.

Im März fand die Abtreibung statt.

Die Ärztin schwor: „ Du wirst diesen Tag nie vergessen." Sie hatte Recht. Sie hatte Angelika 24 Stunden leiden lassen. Die Freundschaft mit Brüderchen war beendet.

Stimme

Das blaue Wesen verknüpft sich immer mehr mit Angelika und ist hoch zufrieden mit seiner Arbeit.

45) Gondel Berlin Japanisches Zimmer Takashi

Hucky

Hundertwasserhaus Film von Venedig

Venedig 1968, Hundertwasser konnte Angelika nicht vergessen und bat sie, die bei ihrem Bruder Utz in Zürich untergeschlüpft war, nach Venedig zu kommen.

Sie war Aux-Pair-Mädchen für Paco und Kecia, Utzis Kinder.

Sie liebte Hundertwasser immer noch und fuhr in der Hoffnung nach Venedig, sich mit ihm aussprechen zu können.

Als sie mit einem Schiff mit dem Namen „Giudecca", ebenfalls auf der „Giudecca" an der gleichnamigen Station ankam, verabschiedete Hundertwasser gerade ein schwarzes Groupie mit einem Kaffeewärmer auf dem Kopf.

Angelika war geschockt und hätte doch etwas mehr Distanz erwartet.

Hundertwasser, der nicht mehr mit der Japanerin verheiratet war, trug einen schwarzen Kimono und wollte ihr ganz stolz zuallererst sein japanisches Schlafzimmer zeigen.

Angelika floh entsetzt, da Hundertwasser wohl immer nur Sex wollte, aber nicht reden. Sie lief ohne Worte weg, weinte und übernachtete allein am Lido. Sie kehrte nach Zürich zurück. Im Oktober nahm sie ihr Studium wieder auf.

Doch durch Verletztheit erzeugt große Liebe oft auch große Distanz. Man findet einfach keine gemeinsame Sprache. Hundertwasser blieb der bedeutende, ichbezogene, exzentrische Maler, der er bereits war und der Aufsehen erregte, siehe seine Nacktauftritte. Angelika hat er nie vergessen und als „unglückliche Liebe" bezeichnet.

Aus Angelika, später Cornelia, Anna, Annusch und Annahh wurde später von 1974–2006 eine erfolgreiche, mal beliebte, mal in Frage gestellte Kostümbildnerin, die sich doch letztendlich 32 Jahre lang durchzusetzen wusste. Die Eigenwilligkeit ihrer Kostüme und ihre Farbkombinationen sind ein Markenzeichen[1] von ihr.

Abbildung 30 Annahh und Mienchen

---

[1] Siehe „Der König und sein Narr", „Rivalen der Rennbahn", „Küstenwache 1-28", „Prod. Sabine 1-18", „Salto Postale", „Soko Leipzig" uvm.

46) Autobahn, Rheinstrasse 49 und die Seitenstrassen,

Abbildung 31 Rheinstrasse 49

Abbildung 32 Fasching Annahh und Florian 1968

Hucky

Angelika heiratete zwei-
mal. Der erste Ehemann
hieß Florian Eickelberg. Er
war Designer, arbeitete
als Lichtdesigner bei
Wolfgang Wagner bei den
Bayreuther Festspielen
und war zum Schluss
Maler.

Er sah Angelika aus dem
Bus heraus und sagte zu
seiner Mutter: „Die

heirate ich mal!!" Am 1.8.1969 heirateten sie und
ihre Ehe dauerte bis zum 10.2.1975.

Annahh

Florian und Ich besuchten gemeinsam Hundertwasser 1971 in Venedig. Auf der Dachterrasse bei Hundertwasser tummelten sich junge Mädchen, er begrüßte mich und Florian und war sehr konsterniert und verschwand auf Nimmerwiedersehen, er war beleidigt und sauer, dass ich geheiratet hatte.

Er muss uns regelrecht verflucht haben. Hundertwasser hasste Florian und ich wollte ihm das Gefühl vermitteln, das was ich empfunden hatte, als ich mich 1968 mit ihm versöhnen wollte und er sich von dem Groupie mit dem Kaffeewärmer innigstlich verabschiedet hatte. Damals wollte ich unsere Liebe retten. Ich habe dann lange nichts mehr von ihm gehört.

Annahh

Wir waren bis zu Florians Tod immer noch die allerliebsten Freunde, wir haben uns respektiert und ich bedaure sehr, dass er mit so vielen Schmerzen am 30.März 2004 gehen musste. Somit ist ein Stück Jugend gestorben, und ein neues weises Leben begann.

Stimme

Das blaue Wesen hat zugeschlagen und seine Wirkung nicht verfehlt.

47) *Damaschkestrasse* *Stuttgarterplatz*
Hochmeisterplatz Roseneck

Hucky

Der zweite Ehemann hieß Joachim Tennstedt, gen. Hucky. Er ist Schauspieler, Synchronsprecher, später Synchronregisseur.

Geheiratet hatten sie am 23.12.1980. Leider haben sie sich getrennt. Im Februar 1994 wurde die Scheidung vollzogen.

Abbildung 33 Hucky, Annahh und Kat

Abbildung 34 Robinson & Hucky

Abbildung 35 Hucky, Robinson und Annahh

Abbildung 36 Robinson beim Verkleiden

Sie verehrt Hucky immer noch und ist überglücklich, dass er der Vater des einzigen gemeinsamen Sohnes Robinson Tennstedt ist.

Am Anfang ihrer Liebe hatte er ihr dreimal einen Heiratsantrag gemacht!!!!

Dann endlich hat sie ja gesagt, da sie überzeugt war, es würde bis zum Tode halten.

Robinson, ihr gemeinsamer Sohn, erblickte am Freitag, den 13.02.1981, um 17:48 Uhr die Weltstadt Berlin, die noch eine Insel war!

Die Geburt war sehr schwierig und dauerte sehr lange.

Abbildung 37 Robinson

Angelika verabschiedete sich und war schon im Tunnel, blickte zurück und sah ihren Mann mit einem Bündel in der Ecke des Entbindungsraumes. Sie kam zu sich und dann legte man ihr Robinson auf den Bauch.

Nach zwei gescheiterten Ehen war sie auf der Suche nach sich selbst. Seit 1990 besuchte sie Seminare „Wer bin ich?"..."Was ist mein Ziel?... „Wie heile ich mich selbst?".
„Reiki,.."
„Chakrenreinigungen,"
"Bodyevolution,"
„Transformationen,"
„Ayurvedische Heilmassagen"
„Familienaufstellungen"
und „Meditationen".....

Auch besucht sie Managementkurse und spirituelle Seminare, denn es ist ihr klar, dass wir unser Schicksal nicht nur selbst in der Hand haben, sondern auch den Schlüssel zu unserem Potential, wir müssen ihn nur finden. Über Body Evolution, einer Methode, sich durch Körperarbeit zu verjüngen, entdeckt sie ihre Heilfähigkeiten.

Stimme

Das blaue Wesen lächelt. Sie kann wieder nicht glücklich werden. Sie verliert ihre kleine Familie für immer. Sie kann das Geheimnis nicht lüften.

**Abbildung 38 Friedhof
Stubenrauchstrasse**

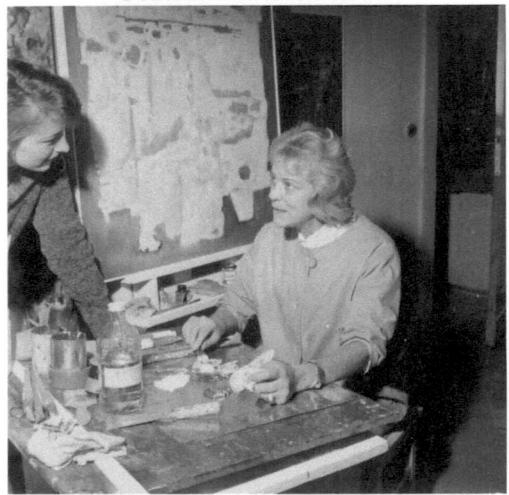

**Abbildung 39 Ingrid und Kat
Kampmann beim Interview**

48) *Edith Piaf/ Musik /*

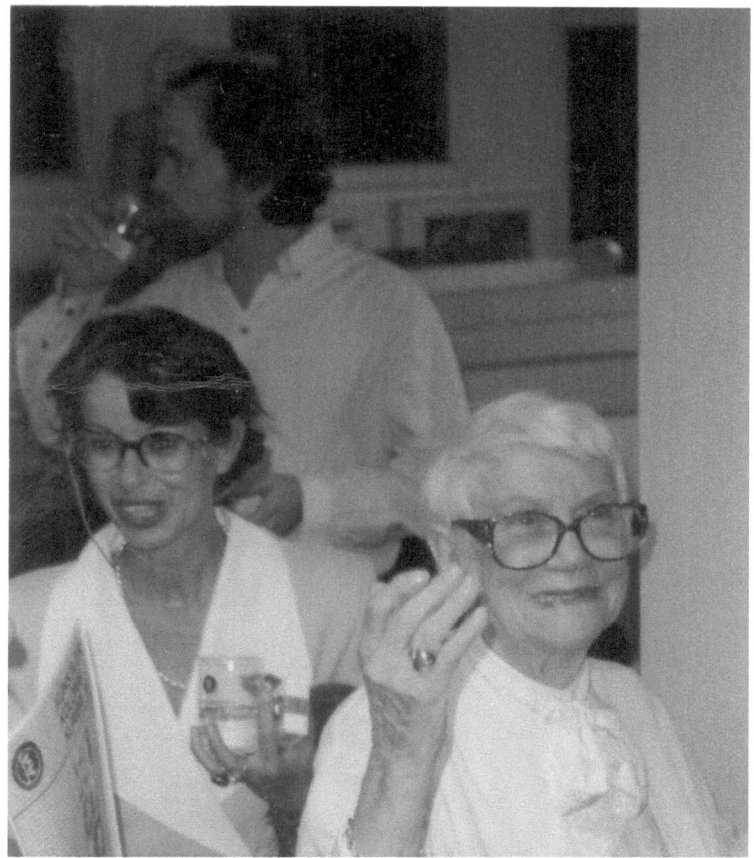

Abbildung 40 Angelika, Winnetou (jun.) und Kat

Hucky

Kat Kampmann, Angelikas Mutter stirbt am 26.2.1997 und wird fast neben Marlene Dietrich beerdigt. Kat hatte immer den Wunsch gehabt, direkt neben ihr zu liegen. An ihrem Beerdigungstag ließen wir ihr Leben auch noch mal Revue passieren. Holger Münzer und Angelika Kampmann verfassten zusammen die Grabrede.

Abbildung 41 Kats Bilder für das Museum

49.) *Telefon/ Fax*

Hucky

14.November 1999. Angelika erfuhr zwei Jahre nach dem Tod von Kat von ihrem Bruder Utz, dass Walter Kampmann nicht ihr leiblicher Vater sei. Soll dies das Geheimnis sein?
Sie begann mit ihren Nachforschungen.

50) *Wasser aus dem Venedig und Japan-Film nehmen*

Hucky

30 Jahre, nachdem Angelika ihn zuletzt gesehen hat, stirbt der Maler Friedensreich Hundertwasser am 19.02.2000 auf der Queen Elisabeth und wird in Neuseeland in seinem Garten, im „Garten der glücklichen Toten" unter einem Tulip Baum (Magnolie) begraben.

51) *Berlin 2001: Quermatenweg/Schlachtensee*

Hucky

Am 18.02.2001 starb Winnetou, Angelikas Bruder (oder auch Onkel?). Er hatte Geburtstag und starb in derselben Nacht. Man sagt bei den Juden, dass „nur der Gerechte an seinem Geburtstag stirbt" – genau ein Jahr später, beinahe auf den Tag genau wie Hundertwasser. Darüber wurde Angelika Lungenkrank und ging aufs Land. Angelika zog sich in sich zurück und tauchte in Mecklenburg-Vorpommern auf dem Bauernhof ihres Neffen (oder Cousins?) Winnetou jun. unter. Sie besuchte erstmalig im September die Esoterik-Tage in Berlin und nahm Kontakt zu Shumei auf.

93

52) *Logenhaus/ Emserstrasse/ Musik Trommeln*

Hucky

Berlin Februar 2002: Annahh hörte die großen mystischen Taiko-Trommeln, deren reinigende Kräfte sie faszinierten. Mit anderen Japanern von Shumei organisierte sie das erste Taiko-Konzert im Oktober für Shumei in Berlin. Es handelt sich bei dem Sengenssandschi um heilige Silben eines japanischen spirituellen Heilungsgebets und dieser Sprechgesang wird für die Toten an speziellen Tagen gesprochen, damit sie den Weg zu Gott finden und ihr Karma gereinigt wird, Annahhs Karma genauso, sodass sie es im neuen Leben (Reinkarnation) nicht so schwer haben und keine Karmaverstrickungen mehr auftauchen.

Abbildung 42 Japan 2002, mein erster Kimono den ich je getragen habe. Es war Frau Artens Hochzeitskimono!

Annahh beginnt mit der Reinigung ihrer Familie Kampmann & Kampmann und mit der Reinigung von Hundertwassers Karmaverstrickung zu ihr. Zunächst muss sie sich reinigen. Sie betet viel das Mantragebet „Amasonorito" und empfängt jeden Tag Jyorei.

53) *Fotos von 2002 aus Japan einblenden*

Hucky

November Japan 2002, ein Traum ging in Erfüllung für Annahh: „ Ich bin endlich in Japan". Dieser Ort liegt tief in den Bergen und heißt Miho. (Friede und Harmonie),in dem Tal der Pfirsichbäume.

Man gelangte durch ein verwunschenes Tor, das nicht jeder passieren kann, dorthin. Dort saßen unscheinbare Japaner mit eckigen Brillen in viel zu großen, westlichen, schwarzen Anzügen mit weißen Hemden und schwarzen Krawatten und weißen Handschuhen, sie sind die Torwächter, sie empfingen Annahh „Hi, Hi" und lächelten sie freundlich an. Annahh sah, wie das Tor sich öffnete und erblickte den silbernen Tunnel, das Tor zu einer anderen Welt. Durch einen silbernen Tunnel gelangte man in eine andere Ebene, in die Welt der ewigen Schönheit und des Friedens. Am Ende des kalten Tunnels hörte Annahh kleine zarte Silberglöckchen und dann die Trommeln, die ihr sagten, dass sie angekommen war. In dieser Welt der absoluten Schönheit, Stille und Harmonie ist man wie verzaubert. Annahh betete mit dem Kannon- Buddha und empfing das Lichtzeichen Goshintei, der Weg zu Gott, es beschützt die Betenden und verleiht ihnen göttlichen Schutz. Sei gut und hilfsbereit zu Anderen und habe Mitgefühl. Sie durfte jetzt selbst Lichtenergie übertragen. Annahh betete für Hundertwasser und das ungeborene Kind von ihm und das andere ungeborene Kind von Brüderchen.

54) Berlin 2003: Goshintei –Raum

Hucky

Wieder zurück in Berlin gab Annahh Jyorei im Shumei-Zentrum. Beim Übertragen der Lichtenergie und Beten des Amazonoritos traf Annahh auf eine aparte Frau (Altheah). Während mehrerer Sitzungen, bei denen ihr Annahh Jyorei gab, begannen ihre Hände innen zu leuchten und sie konnte dadurch die Energien spüren. Es prickelte in den Innenhandflächen. Althea ist ein Medium, sie begann sich zu schütteln und fing an zu tanzen. So kann sie mit verschiedenen Seelen und Toten in verschiedenen Welten in Kontakt treten. Annahh und Althea begegneten auf diesem Weg zunächst vielen verschiedenen Seelen.

55) Annahh's Wohnung *Birkenbaum Spirale*

Abbildung 43 Alexander, Ida und Walter Kampmann; Winnetou, Horst

Abbildung 44 Kathinka, Isa-Gabriele, Walter, Thea Friedrich

Abbildung 45 Fine, Bodo und Sheila Kampmann

Abbildung 46 Walter, Kathinka und Utz Kampmann

99

Abbildung 47 Kat Kampmann

Hucky

Berlin 26. zum 27. Februar 2004, Kats 7. Todestag.
Annahhs Geistheilung begann, als Altheah tanzte
und Annahhs Seelenbaum wahrzunehmen begann
und mit ihm kommunizieren konnte.

Die Geisterwanderung der Familie Kampmann &
Kampmann über den Styx beginnt. Zur Versöhnung
reichten sie sich die Hände, es ist die Rettung der
Familie Kampmann & Kampmann. Alteah
transformierte Annahhs Leiden. Durch ihren Körper
liefen viele Farben, auch Schreie und Leiden, bis
alles rein war und ganz lichtvoll.

56.) *Flughafen Wien*

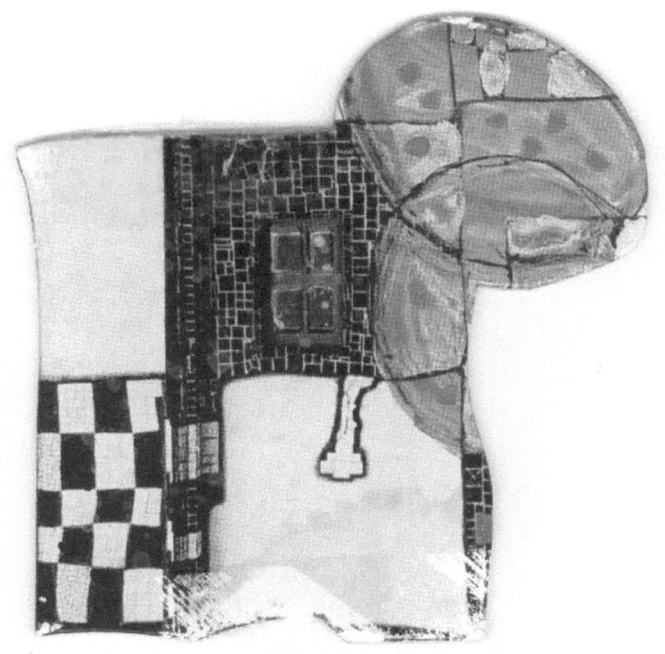

Abbildung 48 Eintrittskarte

Hucky

Wien 4. März 2004. Annahh besuchte Beate in Wien und organisierte die zweite Shumei-Taiko Konzert-Tournee im Juni in Berlin, Frankfurt, Barcelona und Wien. Bevor Annahh das Kunsthaus besuchte, hatte sie sehr starke Herzschmerzen und durchlebte nochmals die Abtreibung. Alles tat weh.

Montag der 8. März. Endlich traf sie Hundertwasser! Annahh besuchte das Kunsthaus Wien und stand vor dem Bild „Hundertwasser und Kampmann fahren Auto" Sie denkt an den „Seelenbaum", die dreifach ineinander verschlungenen Birken.

Abbildung 49 Hundertwasser und Kampmann fahren Auto

Auf dem Rückflug konnte die Maschine nicht starten, der Flug ging erst mit vier Stunden Verspätung los, da der Berliner Flughafen vereist war. Am Flughafen schlief eine Gruppe Japaner. Als ein offensichtlich im Rang höher stehender Japaner erschien, waren alle plötzlich wie auf ein Kommando wach. Annahh war traurig und dachte sehnsüchtig an Hundertwasser. Sie fand mitten auf dem Flughafen in der Wartehalle eine weiße Lilie, unter den Disteln. Ihr war heilig zumute. Hundertwasser packte seinen Koffer und reiste mit ihr nach Berlin.

Abbildung 50 Postkarte von Hundertwasser vom 8. Mai 1969 an mich

57)   *Wohnung   Annahh's   Schlafzimmer Hundertwasser's Altar*

Abbildung 51 Hundertwasser am Meer

Hucky

Berlin: In der Nacht vom 15. auf den 16. März 2004 erschien Hundertwassers Seele erstmalig, er liebt Annahh immer noch.

„Jeder Regentropfen ist ein Kuss vom Himmel" (Friedensreich Hundertwasser), Liebe besteht über den Tod hinaus, die Seelen der Toten werden durch unsere Liebe geläutert. Seine Seele sei noch nicht aufgestiegen, er brauche ihre Liebe, da er geläutert werden müsse. Annahh weinte sehr viel und betete jeden Tag mit ihm und für ihn, sie las ihm aus der Bibel vor, über alte Meister aus Atlantis, Kwan Yin die uns als Schutzgeister oder Engel begleiten, oder aus dem Kannon-Weg von Meishusama. Sie sagte: „Es muss einen Ort geben, wo es nur Mann und Frau gibt, nicht unglückliche Liebende. Hundertwasser antwortete: „Wenn wir unsere Aufgabe erfüllt haben, können wir unsere Liebe leben."

58) Berlin

Annahh

Berlin 2005, meine Schwester Isa kam nach Berlin. Ich war in einer absoluten Heilphase und in einem Reinigungsprozess.
Ich bat meine Schwester mit mir einen DNA-Test zu machen und es stellte sich tatsächlich heraus, dass wir die gleiche Mutter hatten aber nicht den gleichen Vater.

59.)

Stimme

Endlich hat das blaue Wesen seine Seelen verloren. Es stampft mit den Füßen, es krampft sich zusammen, es tanzt den Tanz der Todes-Spiralen, es wirbelt um sich Selbst herum. Es versucht mit aller Macht seine Seelen, die es glaubt zu besitzen, wieder zu bekommen, seine Kraft schwindet, das göttliche Licht wird immer strahlender und das Herz, was es zu besitzen glaubt, löst sich auf. Angelika und ihre Nachkommen sind endlich frei. Das heißt alle Nachkommen der Familie Kampmann sind frei. Dies ist ein Gottesgeschenk für die Kampmann & Kampmann Dynastie.

Annahh

Ich danke allen, die mir hierbei geholfen haben. Das Geheimnis ist gelöst!!!!!

Abbildung 52 Grabrede mit Kecia und Winnetou

Abbildung 53 Kecia und Winnetou am Lieblingshafen von Utz - St. Tropez

Abbildung 54 Paco und Annahh mit Utzis Urne

60) Familie Kampmann in Südfrankreich
Annahh

Am 18.Oktober 2006 starb mein Bruder Utz in Süd-Frankreich an Krebs. Und da traf sich die Familie mit seinen Kindern zum ersten Mal in Frankreich. Nach 36 Jahren trafen wir uns alle wieder bei der Seebestattung von Utz. Die restliche Kampmann Familie wuchs wieder zusammen. Und so beschlossen wir, uns im Jahr zweimal zu sehen, einmal in Südfrankreich im Herbst und einmal in Berlin oder auch Zürich im Frühling. Utzi war nach Deutschland zurückgekehrt und seine Seele ruht nun in Rangsdorf.

61.) 1. Mai 2007, Abflug Robinson nach Japan

Abbildung 55 Anna - Freundin von Sven, Mienchen, Robinson, Annahh

Abbildung 56 Anna, Robinson, Sven und Takashi (v.h.)

Hucky

Robinson (Angelikas (Annahh) und Joachims (Hucky) Sohn) flog am 1. Mai für drei Monate nach Japan. Er besuchte Misono, er lernte Reisanpflanzen, er besuchte das Miho-Museum, er bestieg den Fuji-Yama, lernte Ikebana. Besuchte Kishima-Iland, das Internationale Camp, kam nach Shigaraki, um an einer Feuerzeremonie teilzunehmen. Fuhr dann nach Kyoto und traf dort mit Eugen und Kaicho-Sensei zusammen, um über seinen nächsten Lebensweg nachzudenken. Überglücklich und zufrieden kam Robinson nach Berlin zurück.

Am 9.08.2007 zog Robinson nach Bad Nauheim/Steinfurth. Er übernahm Computerarbeiten für Shumei und half bei der „Natürlichen Landwirtschaft".

62) Japan

Abbildung 57 1.Mai 2007 Robinson

Hucky

Am 12. April 2008 tritt Robinson in den Dienst von Shumei, er wird ein Jahr wie ein Mönch leben, um sich auf den richtigen Weg vorzubereiten, den er dann gehen möchte. Er bekommt bestimmt die richtigen Aufgaben, um daran zu wachsen. Und mehr Möglichkeiten, seine Kreativität und seine künstlerischen Begabungen auszuleben.

63) *Berlin   Rangsdorf   /Rosen/   WeisseTauben /Sonnenuntergang/ im Garten Rangsdorf Teich*

Hucky

Annahh ist sehr, sehr alt. Sie ist inzwischen eine erfolgreiche Persönlichkeit, die auf Japan spezialisiert ist und die künstlerische, kreative Visionen umsetzt.

In Filmen und Opern und in anderen Projekten (Vision Meishusamaschiff–Meditationsschiff) darf sie ihre Fähigkeiten zeigen und sich richtig austoben. Sie hatte viele Liebhaber und Spaß am Leben. Ihr Sohn Robinson ist eine erfolgreiche Persönlichkeit geworden. Annahh trägt einen Kimono und arbeitet an einem milden Sommerregentag im Garten ihres Hundertwasser-Kampmann & Kampmann-Monuments im japanisch–neuseeländischen Stil.

Über dem Teich fliegen 2 weiße Tauben, sie spiegeln sich im Wasser. Sie schneidet eine Rose, die ihr herunterfällt. Sie bückt sich, aber jemand hebt die Blüte vor ihr auf und überreicht sie ihr: „Wie eine Lilie unter den Disteln..." Annahh lächelt, es ist Hundertwasser, er sieht so aus wie zu dem Zeitpunkt, als sie sich in der Paris Bar begegneten. Er trägt einen schönen, edlen schwarzen gestreiften Anzug im Stil der damaligen Zeit, hat kurze Haare, keinen Bart, er sieht sehr gepflegt aus und lächelt ebenfalls. Annahh sagt: „Mir ist heilig zumute." Er reicht Annahh die Hand. Annahh nimmt sie und ist wieder jung mit ganz kurzem Jungshaarschnitt und einem schwarz–weissen Anzug, den sie selbst genäht hat. Sie fragt: „Gehen wir nach Hause?" Er nickt. Beide schreiten zum ewig goldenen Licht, der goldenen Ebene, die nur Menschen, die aus der „Quelle" geschöpft und vieles für andere geleistet haben, erreichen können.

In den Händen hält sie das Bild „Hundertwasser und Kampmann fahren Auto" von Hundertwasser. Es regnet nicht mehr, wir sehen einen Regenbogen. Die weißen Tauben spiegeln sich im Teich.

Angelika Kampmann: Mein Leben mit und ohne Hundertwasser

„26 Seelenbäume"

Angelika Kampmann   Autorin und Regisseurin

A. C.- Hansen   Autorin und Medium

„Ich danke meiner Freundin Andrea Claassen-Hansen für ihre liebevolle, hilfreiche, schreibende Unterstützung des 26 Seelenbaumtreatments."

Hundertwasser   Autor

„Vorwort der Ausstellung von 1967, in London, Paris, Genf und Berlin"

„Zitate aus dem Martyrium einer goldenen Stadt"

Insbesondere Danke ich Joram Harel für seine Erlaubnis.

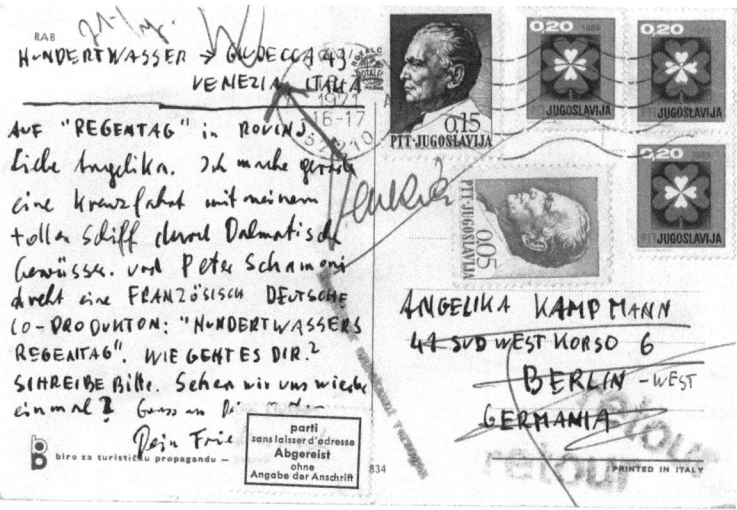

Abbildung 58 Postkarte von Hundertwasser am mich 1971

Auch Danke ich

Joachim Tennstedt	Sprecher
Hucky	Stimme
Winnetou Kampmann	wenn ich Kummer habe, ist er da
Alfons Schröter	Cutter
Robinson Tennstedt	Filmmaterial Japan
Shige Yamakata	Fotomatrial Japan
Elisabeth Kiele	Fotomaterial „Künstler Kolonie Kurier4
Holger Münzer	Zusammenarbeit von Kats Grabrede
Bruno Grüneberg	BEO Für das historische Filmmaterial von 1954 bis 1967 auf Super 8
Takashi Hoshiyama	seit 2003 an meiner Seite.
Simone Steffin	Danke für ihre hilfreichen Ratschläge
Carsten und Annette Schäuble und	für das Layout
Ronald Smith Morus Medienpool	meinem Privatsekretär

Abbildung 59 Annahh und Andrea, Autoren des Hundertwassertreatments

Abbildung 60 Dreharbeiten in München, 1976

Angelika Kampmann, geboren am 17.10.1945 in Brandenburg in Dahlewitz. Aufgewachsen bis zum 7. Lebensjahr in Rangsdorf, danach wohnte sie in West-Berlin und seit 20 Jahren im wieder vereinigten Deutschland. 2009 lebt sie in Berlin-Friedenau und an den Wochenenden in Rangsdorf.

Hundertwasser hat mich nie vergessen und mich als „unglückliche Liebe von 1966" bezeichnet.

Ich bin an meinem Dokumentarfilm noch am arbeiten und bitte viele Menschenseelen dieses Buch zu kaufen, damit ich die Filmdokumentation beenden kann!

Bitte unterstützt mich und kauft dieses Buch.

Ich danke euch